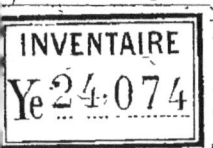

DE LA
CHANSON

CONFÉRENCES

FAITES AU

CERCLE DU PROGRÈS

Les 16 Juin 1878 & 4 Mai 1879

Par M. Auguste HAZARD

Rédacteur en chef du Journal l'*Ami du Progrès*
de Roubaix

PRIX : 25 CENTIMES

Au profit du Denier des Écoles Laïques

ROUBAIX
Imprimerie de A. VILLETTE, rue Daubenton, 37
1879

DE LA
CHANSON

CONFÉRENCES

FAITES AU

CERCLE DU PROGRÈS

Les 16 Juin 1878 & 4 Mai 1879

Par M. Auguste HAZARD

Rédacteur en chef du Journal l'*Ami du Progrès*
de Roubaix

PRIX : 25 CENTIMES

Au profit du Denier des Écoles Laïques

ROUBAIX
Imprimerie de A VILLETTE, rue Daubenton, 37
1879

DE LA

CHANSON

Messieurs.

Merci, à vous tous, qui voulez bien m'écouter un instant.

Merci à notre cher Président, et aux membres du Comité, qui m'ont fait le plaisir et l'honneur de m'inviter à prendre la parole.

Je serai, Messieurs, le moins prolixe possible ; j'ai horreur des grands mots et des longues phrases. La causerie doit être simple, concise dans toutes ses allures, surtout lorsqu'elle aborde un sujet pareil à celui que je viens traiter au milieu de vous.

Et, maintenant, fille des Gaulois, Chanson ma Mie, à nous deux !

La Chanson ! !

Savez-vous que ce seul mot contient un monde, et que s'il me fallait le développer entièrement, je serais obligé de remonter aux temps qui ont précédé le Déluge !

Rassurez-vous, je ne suis point un savant, les époques Antédiluviennes, si j'étais obligé d'en parler, me feraient faire un singulier voyage. J'aime mieux franchir, d'un bond, les odes de Pindare, voire même les psaumes du roi David, pour arriver aux éphémérides de la fronde, sans me servir de la sienne, attendu que je ne veux blesser ni tuer personne.

Messieurs, de 1648 à 1653, le Cardinal Mazarin, à chaque nouvel impôt, voyait naître une chanson nouvelle. Nos aïeux, répondaient par des couplets, aux exactions royales, et se vengeaient ainsi du ministre Italien, qui, pendant la minorité de

Louis XIV, régna véritablement à sa place. Et, c'est de cette époque, que date, selon toute probabilité, la naissance de cette fée à la baguette scintillante qui, tantôt orne son front de lauriers, d'épis et de roses, ou le couvre, soit de la couronne de la folie, soit du fier bonnet de la Liberté.

Que de gros livres on pourrait faire en fouillant dans ce passé où le rire côtoyait les larmes !

« Le peuple chante il payera » disait l'astucieux ami de la Reine, et les Mazarinades tombaient comme grêle sur Anne d'Autriche et sur lui.

Pendant la vieillesse de celui que les conventions de l'histoire désignent sous le titre de : Grand-Roi, les flons-flons joyeux et les refrains moqueurs semblent disparaître du milieu des masses populaires. Les couplets spirituels mais licencieux, se sont réfugiés dans les ruelles des précieuses et de la cour, ainsi que dans les petits soupers de Versailles, et malgré les remontrances du Père-la-Chaise, les admonestations du roi et les accès d'indignation pudibonde de madame de Maintenon. Les Lafare, les Chaulieu, les Pompone et tant d'autres, s'en donnent à cœur, joie, sauf, ensuite, à s'en faire absoudre par les confesseurs de leurs maîtresses.

Laissons la Régence et ses orgies. Le Parc-aux-Cerfs, avec son pourvoyeur : Le Bel, et Louis XV avec sa Du-Barry de graveleuse mémoire. La Bastille était toujours là, du reste, pour loger dans ses cachots humides, Momus et ses apôtres, lorsqu'ils avaient envie d'agiter les grelots de leur marotte sur les infamies des grands où les scandales de la Cour.

Passons !

89 arrive à grands pas. la Chanson se réveille, Panard, Collé, Maître Adam, sortent de l'oubli, mais les cieux de la Patrie s'assombrissent ; l'orage gronde, la foudre

éclale et tombe. 92 arrive porté par les rois qui veulent asservir la France ! Alors quatorze armées de plébéïens, surgissent pour la défendre, et, comme si l'Éternel voulait donner à ce peuple qui vient de briser ses chaînes le Tyrtée qui doit en chantant le conduire à la victoire, la Marseillaise apparaît ! !

Qui de vous, messieurs, ne sait, par cœur cette superbe Mélopée de notre immortel Rouget-de-Lisle ?

Quel est celui d'entre vous, dont l'âme ne tressaille point, lorsqu'elle entend vibrer cette strophe sublime.

> Amour sacré de la Patrie
> Conduis, soutiens nos bras vengeurs
> Liberté, Liberté chérie,
> Combats avec tes défenseurs ! (Bis)
> Sous nos drapeaux que la victoire
> Accoure à tes mâles accents ;
> Que nos ennemis expirants,
> Voient ton triomphe et notre gloire !
> Aux armes ! Citoyens ! !

Joseph Chénier, nous donne, à son tour, « le Chant du départ », et les défenseurs de la 1ʳᵉ République, vont désormais en chantant, porter les germes de la liberté, chez les peuples que l'on armait pour la détruire.

L'Empire étouffa dans le sang et sous la fumée du salpêtre, les aspirations des imitateurs de Pindare.

On rencontre rarement la chanson chez nous, pendant ce long règne ; où, si vous la côtoyez parfois, dans les camps, ou au détour d'un champ de bataille, Frétillon porte sur l'un de ses flancs le tonnelet de la vivandière et sur l'oreille le bonnet de police du soldat.

N'oublions pas, cependant, cette chanson langoureuse que l'on attribue à la reine Hortense :

« Partant pour la Syrie, etc. »

Musique de Méhul (dit-on), que les partisans du dernier Empire, s'étaient empressés de remettre à la mode, et qu'ils fredonnent encore.

Mais l'heure des revers sonne à l'horloge du temps. Deux fois, en une année, l'étranger s'empare de notre territoire, et ramène enfin dans ses fourgons, après Waterloo, la famille des rois qui se disent : Légitimes.

C'est alors ô ! chanson que tu secoues la poussière de tes aîles.

Oui, messieurs, c'est alors, que la fille des Gaulois se réveille et que, sortant de sa léthargie on la voit, pendant quinze ans, lutter sans repos ni trève, contre ce pouvoir royal que nous imposa l'étranger.

Devant ce grand souvenir, je m'incline ! Fils d'un des vieux débris de nos gloires, et soldat moi-même pendant 32 années de ma vie, je salue au nom de la chanson et de la France, une illustre mémoire.

Messieurs : honneur à Béranger !

Je ne vous parlerai pas de sa vie qui fut

celle d'un sage mais je veux vous entretenir de ses œuvres ; et vous rappeler, au nom de la Muse de la Patrie qui le regrette encore, son esprit et les qualités de son cœur.

Nous étions donc en 1815 !

Partout, dans nos villes, comme dans nos villages l'ennemi régnait en maitre, et nos pères que l'on appelait alors « les Brigands de la Loire », revenaient au foyer qui les avaient vus naître en cachant leurs nobles cicatrices, tandis que la Patrie en deuil, courbait son front en baissant les yeux devant ses oppresseurs.

Ah ! nous ne savons plus aujourd'hui, ce qu'ils souffrirent ces cœurs de bronze que personne n'osait défendre, et qui, trop fiers pour gémir ou se plaindre, après avoir, pendant 20 ans, répandu, au nom de l'honneur, leur sang pur sur tous les champs de bataille du monde, se voyaient traités après la défaite, comme des parias ou des bandits !

Les grands, qui, la veille encore, baisaient la botte éperonnée du maître; venaient de faire mieux que Saint-Pierre reniant Jésus, car ils s'étaient empressés d'aller offrir leurs services à la dynastie nouvelle, seul, le peuple frémissait de honte et d'indignation.

Soudain ! comme si c'eût été l'écho de ses souffrances, l'air fut traversé par une voix vengeresse se servant du rhythme sonore, et parlant de relever les gloires de la Patrie.

« Où finit le bon droit, la satyre commence » dit la Némésis moderne, Béranger fit plus encore, il frappa jusqu'aux ridicules, et la chanson pénétra partout ! En voici la préface.

LES ENFANTS DE LA FRANCE

Reine du monde, ô France ! ô ma patrie !
Soulève enfin ton front cicatrisé

Sans qu'à tes yeux leur gloire en soit flétrie,
De tes enfants l'étendard s'est brisé. (Bis).
Quand la fortune outrageait leur vaillance,
Quand de tes mains tombait un sceptre d'or,
Tes ennemis disaient encor :
Honneur aux enfants de la France (Bis).

Mais nos vieux guerriers ont besoin d'être consolés. Le peuple aspire l'air de la Liberté, malgré toutes les entraves dont on l'entoure.

Aux premiers, il avait dit, en 1814 :

LES GAULOIS ET LES FRANCS

Gai ! gai ! serrons nos rangs,
  Espérance
  De la France ;
Gai ! gai ! serrons nos rangs,
En avant Gaulois et Francs !
D'Attila suivant la voix,
  Le barbare
  Qu'elle égare,
Vient une seconde fois
Périr dans les champs gaulois.

Après nos revers, le poète national reprend sa lyre, et chante :

LE VIEUX DRAPEAU

De mes vieux compagnons de gloire
Je viens de me voir entouré ;
Nos souvenirs m'ont énivré,
Le vin m'a rendu la mémoire.
Fier de mes exploits et des leurs,
J'ai mon drapeau dans ma chaumière.
Quand secouerai-je la poussière
Qui ternit ses nobles couleurs ?

Aux seconds, à ces phalanges de travailleurs intrépides, à ces groupes d'ouvriers de tous les états qui ont besoin aussi qu'on leur parle de l'Honneur et de la Patrie, il adresse cette ode inimitable :

LE DIEU DES BONNES GENS

Il est un Dieu : devant lui je m'incline.
Pauvre et content, sans lui demander rien.
De l'univers observant la machine,
J'y vois du mal, et n'aime que le bien.
Mais le plaisir à ma philosophie

Révèle assez des cieux intelligents..
Le verre en main, gaiement je me confie
 Au Dieu des bonnes gens.

Un conquérant, dans sa fortune altière,
Se fit un jeu des sceptres et des lois,
Et, de ses pieds, on peut voir la poussière,
Empreinte encor sur le bandeau des rois.
Vous rampiez tous, ô rois qu'on édifie !
Moi, pour braver des maîtres exigeants,
Le verre en main, gaiement je me confie
 Au Dieu des bonnes gens.

Puis, cette délicieuse satyre qui repose le cœur par son ironie fine et mordante, de toutes les bassesses que l'ambition ou la peur font réussir chez les gens de cour :

LES VENDANGES

L'aurore annonce un jour serein :
 Vite à l'ouvrage !
 Et reprenons courage.
Fillette, flûte et tambourin,
Mettez les vendangeurs en train.
Du vin qu'a fait tourner l'orage,

Un vin nouveau bientôt consolera.
Amis, chez nous la gaîté renaîtra.
Ah ! Ah ! la gaîté renaîtra.

Beaux pays, fertille et guerrier,
A la souffrance
Oppose l'espérance.
Au pampre tu peux marier
Olive, épi rose et laurier.
Vendangeons, et vive la France !
Le monde un jour avec nous trinquera.
Amis, chez nous la gaîté renaîtra.
Ah ! ah ! la gaîté renaîtra.

Mais les grands s'offusquent, la police s'en mêle, Béranger venait lancer contre les premiers, l'éternelle chanson de Paillasse.

PAILLASSE

J' suis né Paillasse et mon papa,
Pour m' lancer sur la place,
D'un coup d' pied queuqu' part m'attrapa,
Et m' dit : Saute, Paillasse !
T'as l' jarret dispos,

Quoiqu' t'ai l' ventre gros
Et la fac' rubiconde:
N' saut' point-z à demi,
　Paillass', mon ami :
Saute pour tout le monde!

Vienn' qui voudra, j' sauterai toujours,
　N' faut point qu' la r'cette baisse.
Boir', manger, rire et fair' des tours,
　Voyez comm' ça m'engraisse.
　　En gens qui, ma foi,
　Saut' moins gaiement qu' toi,
　Puisque l' pays abonde,
　N' saut' point-z à demi,
　　Paillass', mon ami :
Saute pour tout le monde!

Celle de :

L'INDÉPENDANT

Respectez mon indépendance.
Esclaves de la vanité :
C'est à l'ombre de l'indigence
Que j'ai trouvé la liberté.　(Bis).
Jugez aux chants qu'elle m'inspire
Quel est sur moi son ascendant !　(Bis).

Lisette seule a le droit de sourire
Quand je lui dis : Je suis indépendant,
Je suis, je suis indépendant.

Et comme coup de massue, le fameux marquis de Carabas :

LE MARQUIS DE CARABAS

Voyez ce vieux marquis
Nous traiter en peuple conquis ;
Son coursier décharné
De loin chez nous l'a ramené.
Vers son vieux castel
Ce noble mortel
Marche en brandissant
Un sabre innocent.
Chapeau bas ! chapeau bas !
Gloire au marquis de Carabas !

Quant aux chevaliers de la rue de Jérusalem il venait de leur lâcher dans les jambes cette terrible apostrophe :

MONSIEUR JUDAS

Monsieur Judas est un drôle
Qui soutient avec chaleur

Qu'il n'a joué qu'un seul rôle
Et n'a pris qu'une couleur.
Nous qui détestons les gens
Tantôt rouges, tantôt blancs,
    Parlons bas,
    Parlons bas,
J'ai vu Judas, j'ai vu Judas.

Monsieur Judas, sans malice,
Tout haut vous dit : « Mes amis,
Les limiers de la police
Sont à craindre en ce pays. »
Mais nous qui de maints brocards,
Poursuivons jusqu'aux mouchards,
    Parlons bas,
    Parlons bas,
J'ai vu Judas, j'ai vu Judas.

Oh ! alors la Cour et le Clergé, bondissent. Sus ! à ce misérable ! Sus à ce rimailleur qui nous insulte et nous couvre de fange ! et la Muse jetant par dessus les moulins son bonnet de grisette se coiffe du chapeau pointu de l'Astrologue, et v'lan ! les infiniments petits paraissent :

LES INFINIMENTS PETITS

ou

LA GÉRONTOCRATIE

J'ai foi dans la sorcellerie.
Or un grand sorcier, l'autre soir,
M'a fait voir de notre patrie
Tout l'avenir dans un miroir.
Quelle image désespérante !
Je vois Paris et ses faubourgs :
Nous sommes en dix-neuf cent trente,
Et les barbons règnent toujours.

Un peuple de nains nous remplace :
Nos petits-fils sont si petits,
Qu'avec peine dans cette glace,
Sous leurs toits je les vois blottis.
La France est l'ombre du fantôme
De la France de mes beaux jours.
Ce n'est qu'un tout petit royaume ;
Mais les barbons règnent toujours.

De 1820 à 1829. Messieurs, il eut recrudescence de vœux expiatoires en France. Pas un village qui n'eût sa petite mission, pas un régiment qui n'eût son aumônier, pas une caserne sans sa chapelle.

Ah ! je me souviens de cela moi qui vous parle. Que de fois je vis mon père, retirer des poches de sa grande capote, des petits livres à la couverture bleue, qu'on faisait venir en fraude de la Belgique.

C'est là-dedans qu'on m'apprenait à lire en cachette du maître d'école, qui, « entre parenthèse » me rouait de coups, parce que j'étais le fils d'un soldat de l'usurpateur, comme on disait en ce temps-là.

Et ces petits livres, c'étaient les chansons de Béranger.

Je vous disais donc que le beau pays de Rabelais, de Molière, de Voltaire, de Diderot, devenait une immense capucinière.

Des missionnaires, on en voyait partout !

Des frères mendiants on en mettait partout !

Et des cantiques on en chantait partout !

C'est alors que la chanson, à qui l'on faisait concurrence, reparut sous une robe nouvelle et que les révérends pères furent stygmatisés par ces strophes :

LES RÉVÉRENDS PÈRES

Hommes noirs, d'où sortez-vous ?
Nous sortons de dessous de terre.
Moitié renards, moitié loups,
Notre règne est un mystère.
Nous sommes fils de Loyola ;
Vous savez pourquoi l'on nous exila.
Nous rentrons, songez à vous taire !
Et que vos enfants suivent nos leçons.
C'est nous qui fessons,
Et qui refessons
Les jolis petits, les jolis garçons.

Enfin reconnaissez-nous
Aux âmes déjà séduites.
Escobar va, sous nos coups,
Voir vos écoles détruites.
Au pape rendez tous ses droits ;
Léguez-nous vos biens, et portez nos croix.
Nous sommes, nous sommes jésuites ;

Français, tremblez tous : nous vous bénissons !
Et puis nous fessons,
Et nous refessons
Les jolis petits, les jolis garçons.

Cette fois, Béranger ne pouvait plus éviter les foudres du St-Office, il venait de faire paraître : « L'Ange-Gardien, le Bon-Dieu, les Clefs du Paradis, le Fils du Pape; il avait déjà goûté de Ste-Pélagie, on le fit conduire à la Force pour 10 ans, il n'en sortit qu'en 1830, et c'est de là, messieurs, que, répondant à M. de Clermont-Tonnerre, archevêque de Toulouse, qui, dans son mandement de carême pour 1829, le vouait à tous les supplices de l'autre monde, c'est de là, dis-je, qu'il lui adressa cette chanson charmante qui surpasse en esprit, en finesse et surtout en philosophie, toutes celles que l'on pourrait citer. La voici :

LE CARDINAL ET LE CHANSONNIER

Quel beau mandement vous nous faites !
Prélat, il me comble d'honneur !
Vous lisez donc mes chansonnettes ?

Ah ! je vous y prends, Monseigneur. (Bis).
Entre deux vins, souvent ma muse
Perdit son manteau virginal. (Bis).
Petit péché, si son ivresse amuse.
Qu'en dites-vous, monsieur le cardinal ? (Bis).

Ça, que vous semble de Lisette,
Qui dicta mes chants les plus doux ?
Vous vous signez sous la barrette !
Lise a vieilli : rassurez-vous.
Des jésuites elle raffole ;
Et priant Dieu tant bien que mal,
Pour leurs enfants Lise tient une école.
Qu'en dites-vous, monsieur le cardinal ?

A chaque vers patriotique,
Je vous vois me faire un procès,
Tout prélat se croit hérétique
Qui chez nous a le cœur français.
Sans y moissonner, moi, pauvre homme,
J'aime avant tout le sol natal.
J'y tiens autant que vous tenez à Rome.
Qu'en dites-vous, monsieur le cardinal ?

Puisque vous fredonnez mes rimes,
Vous, grand lévite ultramontain,

N'y trouvez-vous pas des maximes
Dignes du bon Samaritain?
D'huile et de baume les mains pleines.
Il eût rougi d'aigrir le mal.
Ah! d'un captif il n'eût vu que les chaînes.
Qu'en dites-vous, monsieur le cardinal ?

Enfin, avouez qu'en mon livre
Dieu brille à travers ma gaieté.
Je crois qu'il nous regarde vivre,
Qu'il a béni ma pauvreté
Sous les verrous sa voix m'inspire
Un appel à son tribunal
Des grands du monde elle m'enseigne à rire.
Qu'en dites-vous, monsieur le cardinal.

Au fond vous avez l'âme bonne.
Pardonnez à l'homme de bien,
Monseigneur, pour qu'il vous pardonne
Votre mandement peu chrétien.
Mais au conclave on met la nappe,
Partez pour Rome à ce signal.
Le Saint-Esprit fasse de vous un pape!
Qu'en dites-vous, monsieur le cardinal ?

Je m'arrête. messieurs, non que le sujet soit épuisé, mais parce que l'on ne doit jamais ennuyer son auditoire.

J'aurais encore bien des choses à vous dire, car la chanson a droit de cité chez vous, et Roubaix peut avec orgueil se déclarer le berceau d'une de nos gloires du Parnasse.

Le charmant auteur du « docteur Grégoire, » de Pandore, et de tant d'autres perles poétiques, Gustave Nadaud, enfin, est un enfant de notre ville, et l'un des plus dignes continuateurs de cette phalange spirituelle, qui fait oublier parfois les misères de la vie.

Si cette causerie que je viens d'avoir l'honneur de vous faire ne vous a pas trop fatigués, je me propose de la reprendre, dans quelque temps, afin de vous parler, dans sa seconde partie, des interprêtes de la chanson nouvelle, du but qu'elle doit se proposer d'atteindre, afin de plaire et d'instruire, tout en amusant ses admirateurs.

Roubaix, 16 juin 1878.

Aug^{te} HAZARD.

DEUXIÈME CONFÉRENCE

FAITE AU

CERCLE DU PROGRÈS DE ROUBAIX

Le 4 Mai 1879

Tenez, la voyez-vous, là-bas ?

C'est elle ?

Sa robe aux mille plis flottants est constellée d'étoiles, l'une de ses mains agite un tambour de basque tandis que l'autre secoue, au-dessus de nos fronts, le sceptre et les grelots de la Folie.

Oh ! quels malicieux sourires, quels regards plus malins encore, et, pourtant, avec quelle chaste fierté elle porte sur ses cheveux blonds le coquet bonnet de la Phrygie.

C'est elle ! C'est la Chanson !

Soyez la bien-venue, Madame, car vous avez droit de cité parmi nous, et j'aperçois d'ici des adorateurs et des chevaliers qui se parent de vos couleurs et se servent de vos armes !

Oui, notre cité Roubaisienne, cette ville toute manufacturière, n'en est pas moins le nid charmant de l'Harmonie et peut avec orgueil, ajouter à ses deux splendides couronnes, les fleurs poétiques de plusieurs de vos habitants, sans parler des palmes que *Gustave Nadaud* a le droit d'ajouter au front de la Déesse protectrice de la ruche ouvrière qui le vit naître.

Soyez donc la bien-venue, consolatrice de l'enfant au berceau, amie de l'atelier, fille des refrains joyeux et des rondes sonores. Chanson, que tous les peuples, que toutes les langues murmurent. Hymne ou couplets, réveillant la patrie ou parlant d'amour à la jeunesse, vous qui rendez la gaîté aux vieillards ! ô ! fille du Gaulois. c'est à ce nombreux auditoire que je m'adresse et c'est en son nom que je vous redis encore :

Soyez la bien-venue parmi nous !

Messieurs,

J'avais l'honneur, le 16 juin dernier, de prendre pour la première fois la parole au milieu de vous, et de traiter la première partie d'une conférence intitulée : *De la Chanson*.

Vous m'avez accordé alors, outre le plus bienveillant accueil, toute votre indulgence, je viens vous prier de me continuer ces deux gracieuses choses aujourd'hui, je ferai de mon mieux, croyez-le bien, pour ne pas fatiguer, ni retenir trop longtemps mon aimable auditoire.

Messieurs,

Nous nous étions arrêté à l'une des dernières chansons de l'immortel Béranger.

celle intitulée : *Le Cardinal et le Chansonnier*, écrite de la prison de la Force, quelques mois avant la Révolution de 1830, et je vous disais, que dans la seconde partie de cette conférence, j'essayerais, en vous parlant de la chanson moderne, d'en interpréter le but au point de vue de l'avenir, de la morale et de l'éducation de ceux qui se reposent des fatigues de la vie en se préparant par de gais refrains aux travaux du lendemain.

J'aborderai la tâche que je me suis imposé, en vous lisant une préface que je voudrais voir au fronton de tous les temples où Momus tient son empire, l'ami, le poète charmant, auquel j'emprunte mon entrée en matières, se nomme *Roussel de Méry*, c'est l'auteur *de Gros-Jean et de son Curé*, et c'est à ses *Gauloises* que je m'inspire :

Préface des « Gauloises »

Les chants nationaux sont l'histoire rhythmée des peuples. C'est l'expression de leur héroïsme et de leur moralité. Si nous voulions mesurer le niveau social d'une nation, nous dirions : Montrez-nous ses chants. Aussi, lorsque les siècles auront passé sur les ruines de notre pays comme ils ont passé sur les splendeurs de l'empire romain, si quelque chercheur découvre la *Marseillaise* et les nobles inspirations de Béranger, il dira : Ce peuple fut grand. Mais s'il arrive qu'un Dieu fatal pousse vers l'abîme où séjourne la pestilence de nos cafés-concerts, nul doute qu'il ne dise avec tristesse : Ce peuple méritait de périr. Comment, en effet, ne pas se sentir déchu jusqu'à la mort quand on entend ces refrains malpropres avec lesquels les consommateurs de ces établissements s'essuient la bouche ! Ces choses souillent l'âme et l'avilissent. Il n'est pas bon que le peuple se grise avec ce breuvage qui l'abêtit. On se demande pourquoi le gouvernement, qui lance des arrêtés contre l'ivresse physique, se tait devant les poisons de l'ivresse morale. Cette dernière nous paraît autrement dégradante que l'autre. Loin de nous la pensée de proscrire le bon rire gaulois de nos aïeux qui se traduisait souvent par des chansons de table. Collé, Panard, Désaugiers, Armand Gouffé, Émile Debreaux, Moreau lui-même, ce poète si charmant, ont cotoyé la licence, mais n'y sont point entrés. Si quelques-uns y pénètrent, ils ne s'y vautrent jamais. Quand ils passent certaine limite, la forme du moins sauve le fond. Les virtuoses modernes ne prennent pas tant de précautions. C'est sans se botter qu'ils entrent dans cet égout. L'Empire, qui n'a rien fait pour les lettres, eut le tort d'encourager ce genre. Un Dupont trouvait-il une inspiration champêtre, un chant humanitaire, un refrain social ? Vite, dame Censure menaçait le poète de ses vilains ciseaux; il y avait du danger à laisser pénétrer sa muse dans les cafés-concerts. Voyez un peu ! l'ordre moral de ce temps en était scandalisé. Combien cependant le goût du public n'eût-il pas gagné à entendre ces jolies choses !

> « Dès que je fais halte pour boire,
> Un brouillard sort de leurs naseaux,
> Et l'on voit sur leur corne noire
> Se poser les petits oiseaux. »

En revanche, le *Pied qui r'mue*, le *Sapeur qui liche la bouteille*, la *Vénus aux carottes*, toutes les insanités de cette mixture malsaine s'étalaient complaisamment au milieu des chopes. C'est ainsi qu'on formait le goût des masses et qu'on élevait le niveau social. Triste genre dont l'Empire à sa dernière heure a reçu les éclaboussures ! Avis aux gouvernements qui abaissent le peuple. Leur châtiment n'est pas de recevoir le coup de pied de l'âne, c'est de l'avoir mérité. Il importe donc à notre dignité de prendre un autre ton. Élevonsnous, nous élèverons les autres. Aurions-nous si facilement rendu les armes, si nous avions gardé le souvenir de l'héroïque conseil du *Vieux Sergent :*

« Qui nous rendra, dit cet homme héroïque,
Aux bords du Rhin, à Jemmapes, à Fleurus,
Ces paysans, fils de la République,
Sur la frontière à sa voix accourus ?
Pieds nus, sans pain, sourds aux lâches alarmes,
Tous à la gloire allaient du même pas.
Le Rhin, lui seul, peut retremper nos armes,
Dieu, mes enfants, vous donne un beau trépas ! »

Le poète a raison : Être vaincu n'est rien, vaincre même est peu de chose ; mais savoir mourir accablé par le nombre, voilà l'héroïsme, la victoire morale, la seule qui dépende de nous, le « beau trépas ! » Ce fut celui des trois cents immortels tombés aux Thermopyles. Jamais triomphe n'égala cette défaite ! Après l'écroulement de tant de siècles, l'apothéose de tant de victoires, c'est ce beau trépas qui s'impose le plus à l'admiration de l'histoire. N'en déplaise aux insulteurs de Béranger, les généraux de Metz et de Sedan n'ont pas assez lu le chansonnier.

Et vous, politiques si sévères dont le bras ne se lasse jamais de frapper, qui n'avez d'amnistie que pour vous et les vôtres, vous seriez plus humains si vous aviez présente à la mémoire cette strophe sublime du *Juif Errant* :

> Vous qui manquez de charité,
> Tremblez à mon supplice étrange.
> Ce n'est pas sa divinité,
> C'est l'Humanité que Dieu venge.

Il est vrai que tout le monde ne peut prendre ce ton ; c'est le privilège du génie; mais rien ne nous condamne à nous enfoncer dans les fanges des régions inférieures. Certes, le passereau n'a point l'envergure de l'aigle, il ne peut s'élever comme lui et fixer le soleil, mais du moins il est libre en son vol de fuir les marais et les cloaques pour rechercher la senteur des bois et se poser sur les grands arbres. C'est ce que nous conseillons aux chansonniers de l'avenir. Nous n'avons pas la prétention de leur tracer la route, pas même de retrouver le sentier perdu où s'ébattait le joyeux cortége des muses gauloises ; seulement il nous semble honnête, à propos de cette œuvre éphémère, de protester énergiquement contre les obscénités dont on nous empoisonne !

Voilà, messieurs, de grandes et saines pensées admirablement exposées et qui, je n'en doute point, ont toutes vos sympathies.

En effet, à l'époque où nous sommes, et vers la fin de ce superbe XIXme siècle, auquel notre génération appartient, ce que l'humanité doit désirer le plus, en face de ces sublimes découvertes que la science étale chaque jour sous nos yeux éblouis par tant de merveilles, ce qu'il faut à notre Société se réveillant, pour ainsi dire, de ses vingt années d'orgie et de décadence du Bas-Empire, à cette jeunesse démocratique qui nous entoure et dont les premiers pas dans le sentier de la liberté, ne doivent rencontrer que de sains exemples; ce qu'il faut enfin, au peuple laborieux qui travaille en même temps qu'il raisonne, ce sont de viriles leçons ; et, lorsque l'enclume tressaille et que le marteau vibre et résonne, eh bien ! pour accompagner leur rhytme sonore, il faut au peuple de notre grande patrie, des chants qui lui permette de relever fièrement la tête en même temps que les charmes de la poésie lui retremperont le cœur.

Quant aux esprits chagrins, où non disposés à comprendre que le *Roi Dagobert* a fait son temps et que : *Malbrouck s'en va-t-en guerre*, n'est plus qu'une rengaine ; quant à ces petits descendants de ceux qui, en 1815, avaient tous dans leurs poches, les refrains de : « *Rendez-nous notre père de Gand* ; tandis que leurs adversaires s'écriaient à tue-tête :

> Honneur à la plus belle
> Et gloire au plus vaillant.

Je crois que ceux-là auraient beau dire et beau faire, et que le violonneux peut leur jouer cette ritournelle :

> Allez vous-en, gens de la noce,
> Allez vous-en chacun chez vous.

Ou bien :

Adieu paniers, vendanges sont faites!

Puis, pour en finir, leur citer la chanson intilulée : *Le Déluge*.

Mon Dieu, je sais bien que cette conférence n'est pas faite pour plaire à tout le monde et que ces modestes pensées que je suis en train de développer ici auront de nombreux détracteurs.

Aux uns je dirai : Laissez-nous donc prouver que le soleil n'est pas la nuit et que l'or pur ne s'appelle pas fange.

Aux autres : Les chants de Roncevaux et le Cantique des Cantiques sont, certes, de superbes mélopées, mais, autre temps autres mœurs, surtout autre musique. La guitare de nos pères était aux troubadours, et les romances de Gossec et de Méhul ont cédé le pas aux refrains populaires ; place donc à la chanson des rues et de l'atelier, surtout si l'esprit n'y souille pas ses ailes au contact de la boue.

Messieurs, j'ai fini mon esquisse et je vais la placer dans son cadre. En vous offrant cette deuxième causerie, j'ai payé un tribut d'éloge à votre ville ; laissez-moi, avant de quitter cette tribune, adresser mes hommages de confraternité chansonnière à la mémoire de plusieurs de vos compatriotes qui ne sont plus, et tendre une main fraternelle à ceux qui vivant, parmi nous, m'ont accordé leur amitié qui m'honore.

A la mémoire de Louis Decottignies, poète charmant mort à la fleur de l'âge, et dont ces quelques lignes, peuvent faire apprécier la valeur.

Le jeune poète s'adressant au Printemps, lui disait :

A toi ces vers, Printemps, toi dont la douce haleine,
    Chasse les vieux hivers.
Toi, l'envoyé de Dieu pour finir notre peine,
Et dont le front naissant est ceint de rameaux verts !

A Léon Lizot, membre du Caveau et de l'Union des poètes.

A Brun-Lavainne, fondateur de la *Revue du Nord*.

A més confrères Vossaert, membre de l'Union des Poètes, lauréat.

A Auguste Leman, Clément Durand et Paul Philippe qui, sur l'album du fils de l'un de ses amis traça ces lignes de feu pour exprimer ce que doit être l'âme en face de la justice.

Enfant, quand tu verras commettre une injustice,
Plus tard, lorsque du vrai tu connaîtras la loi,
Quand le coupable aurait l'Univers pour complice,
Révolte-toi !

A Victor Ravaux, l'abstrait et le rêveur, à tous ceux enfin, sur qui la chanson déploie ses ailes.

Au peuple surtout, car c'est chez lui, messieurs, que la joyeuse fille se loge de préférence et c'est dans ses rangs que bien souvent elle découvre les perles les plus riches de son magique écrin.

mai 1879.

www.ingramcontent.com/pod-product-compliance
Lightning Source LLC
Chambersburg PA
CBHW061003050426
42453CB00009B/1243